BEI GRIN MACHT SICH IHR
WISSEN BEZAHLT

- Wir veröffentlichen Ihre Hausarbeit,
  Bachelor- und Masterarbeit

- Ihr eigenes eBook und Buch -
  weltweit in allen wichtigen Shops

- Verdienen Sie an jedem Verkauf

Jetzt bei www.GRIN.com hochladen
und kostenlos publizieren

Stefan Wachholz

Objektorientierung und Objektorientierte Modellierung

GRIN Verlag

Bibliografische Information der Deutschen Nationalbibliothek:

Die Deutsche Bibliothek verzeichnet diese Publikation in der Deutschen National-
bibliografie; detaillierte bibliografische Daten sind im Internet über http://dnb.d-
nb.de/ abrufbar.

Impressum:

Copyright © 2012 GRIN Verlag GmbH
Druck und Bindung: Books on Demand GmbH, Norderstedt Germany
ISBN: 978-3-656-33977-9

Dieses Buch bei GRIN:

http://www.grin.com/de/e-book/206906/objektorientierung-und-objektorientierte-
modellierung

GRIN - Your knowledge has value

Der GRIN Verlag publiziert seit 1998 wissenschaftliche Arbeiten von Studenten, Hochschullehrern und anderen Akademikern als eBook und gedrucktes Buch. Die Verlagswebsite www.grin.com ist die ideale Plattform zur Veröffentlichung von Hausarbeiten, Abschlussarbeiten, wissenschaftlichen Aufsätzen, Dissertationen und Fachbüchern.

Besuchen Sie uns im Internet:

http://www.grin.com/

http://www.facebook.com/grincom

http://www.twitter.com/grin_com

Stefan Wachholz

Oktober 2012

Assignment

Thema:

Objektorientierung und Objektorientierte Modellierung

Inhaltsverzeichnis

Abbildungsverzeichnis

Abkürzungsverzeichnis

OMG	-	Object Management Group
OO	-	Objektorientierung
OOA	-	Objektorientierte Analyse
OOD	-	Objektorientiertes Design
OOM	-	Objektorientierte Modellierung
OOP	-	Objektorientierte Programmierung
SW	-	Software
UM	-	Unified Method
UML	-	Unified Modeling Language

1 Einführung

In diesem Kapitel wird, im Anschluss an die Darlegung der Gründe für das Thema, der Aufbau des Assignments dargestellt.

1.1 Motivation

Durch die immer weiter fortschreitende Einflussnahme der Informationstechnologie in bestehende Wirtschaftssysteme und der damit verbundenen Globalisierung ist es von bedeutender Wichtigkeit schnell, präzise, genau und praxisnah zielgerichtete Software und Softwaresysteme zu entwickeln und zu verbessern. Aus diesem Anlass heraus hat sich die Objektorientierung (OO), speziell die Objektorientierte Programmierung (OOP) weiterentwickelt und gegenüber der Funktionalen Programmierung durchgesetzt.

1.2 Ziel des Assignments

Ziel dieses Assignments ist es einen Überblick über die OO und Objektorientierte Modellierung (OOM) zu geben. Dabei Sollen wesentliche Aspekte der OO dargestellt und eine kritische Betrachtung gegeben werden.

1.3 Aufbau des Assignments

Im Anschluss an die Motivation und dem Ziel des Assignments werden im Kapitel 2 die Bedeutung der OO und die damit verbundene Sichtweise dargestellt. Im 3. Kapitel wird auf die Prinzipien der OO eingegangen, welche maßgeblich für das Konzept der OO sind. Die Sichtweise der OO zur semantischen Darstellung, die Unified Modeling Language (UML), wird in Kapitel 4 beschrieben. Im 5. Kapitel soll die OO unter einem kritischen Betrachtungswinkel beurteilt und eventuelle Defizite aufgezeigt werden. Im 6. und letzten Kapitel wird eine Zusammenfassung und Beurteilung des Themas in Bezug auf aktuelle und zukünftige Entwicklungen der OO gegeben.

2 Bedeutung der Objektorientierung

Im zweiten Kapitel dieser Arbeit wird dargestellt, was Objektorientierung ist, wie sie sich entwickelt hat und der Ansatz der Objektorientierten Analyse (OOA) und des Objektorientierten Design (OOD) verdeutlicht.

2.1 Was ist Objektorientierung

Objektorientierung ist eine Methode die sich mittlerweile bewährt hat, um der Vielfältigkeit von Softwaresystemen entgegenzutreten.[1] „Ein Objekt wird durch Eigenschaften und Fähigkeiten beschrieben. Die Eigenschaften beschreiben den aktuellen Zustand des Objektes und die Fähigkeiten stellen Tätigkeiten dar, die auf das Objekt angewendet werden können, um seine Eigenschaften zu verändern."[2] Ein Auto kann z.b. durch seine Farbe oder Anzahl der Türen beschrieben werden. Gleichzeitig können die Türen geöffnet, der Tank gefüllt oder das Auto bewegt werden. Dies sind alles Tätigkeiten, die auf das Auto angewendet werden können. Objektorientierung versucht also Objekte die in der Realität existieren zu beschreiben und in ein Modell zu fassen. Dabei kann es sich um ein Auto oder um ein komplexes System handeln. Die Umsetzung dessen nennt man auch Objektorientierte Analyse und Objektorientiertes Design und wird in Kapitel 2.3 genauer erläutert. Die Implementierung bzw. Umsetzung der OOA und des OOD erfolgt durch die OO-Programmierung (OOP). Die Hauptprinzipien der OOP sind vor allem Polymorphie, Vererbung und Kapselung. Was diese einzelnen Prinzipien bedeuten wird in Kapitel 3 dargestellt.

2.2 Entwicklung der Objektorientierten Programmierung

Die Entwicklung der OOP lag in der Programmiersprache SIMULA von 1967, welche schon ein Klassenkonzept enthielt und dessen Ableger SMALTALK von 1969.[3] Da die damalige Hardware die entsprechende Leistungsfähigkeit für die

---

[1] Vgl. Lahres/Rayman, 2009, S.13

[2] Forbrig, 2001, S.9

[3] Vgl. Hochschule-Darmstadt (11.09.2012), S.15

Objektorientierung noch nicht besaß, setzten sich die prozeduralen[4] Programmiersprachen durch. Die zunehmenden Qualitätsanforderungen an Software wie Funktionalität, Wiederverwendbarkeit, Benutzerfreundlichkeit, Erweiterbarkeit und niedrige Entwicklungs- und Unterhaltungskosten führten in den 1980er Jahren zu einer Kriese in der Softwareentwicklung.[5] Bereits Ende der 1970er Jahre wird SMALLTALK zur Programmierung von graphischen Benutzeroberflächen verwendet. Graphische Elemente wie z.b. Icons, Fenster, Mauszeiger und Cursor werden dabei als Objekte behandelt.[6] Die Weiterentwicklung der Hardware ermöglichte es in den Jahen nach 1980 auch die Software (C++, OBERON, TURBO-PASCAL) zu entwickeln und Anfang der 1990er Jahre vermehrt Objektorientierte Sprachen (OBJECT-COBOL, OBERON 2, JAVA) zu entwickeln und einzusetzten.[7] Seit den 1990er Jahre hat sich C++ als Objektorientierte Programmiersprache durchgesetzt und diese popularisiert. Seit Mitte der 1990er Jahre nimmt JAVA eine herausragende Rolle in der OOP neben C++ ein.[8] Abbildung 1 zeigt einen Entwicklungsverlauf der Objektorientierten Programmiersprachen.

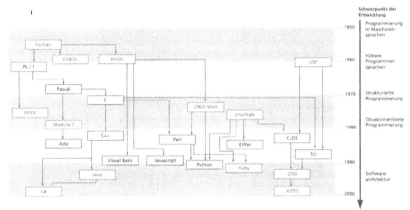

Abbildung 1: Entwicklung der Programmiersprachen
(Quelle: Friedrich (2010), S.120)

---

[4] Eine Prozedur ist ein abgegrenzter, separat aufrufbarer Bestandteil eines Programms, welches keinen Rückgabewert hat. (Vgl. Lahres/Rayman, 2008, S.29)

[5] Vgl. Hanrath (11.09.2012), S.2

[6] Vgl. o.V. Phillipps-Universität-Marburg (11.09.2012), S.356

[7] Vgl. Hanrath (11.09.2012), S.3

[8] Vgl. Balzert, 2001, S.7

3

2.3   Objektorientierte Analyse und Design

Die OOA beschäftigt sich mit der Ermittlung und Beschreibung der Anforderungen an ein Softwaresystem unter Zuhilfenahme objektorientierter Konzepte. Das daraus resultierende Ergebnis ist ein OOA-Modell.[9] Ziel dieser Analyse soll ein genaues Verständnis der Anforderungen sein, die zum Systementwurf nötig sind.[10] Das Objektorientierte Design, oder auch Entwurf, beschäftigt sich mit der konzeptionellen Lösung von Hard- und Software, welche die Anforderungen erfüllen. D.h. es sollen geeignete Softwareobjekte und ihr Zusammenwirken definiert werden.[11] Ergebnis dieser Phase ist ein OOD-Modell. Damit die Flexibilität der OO Softwareentwicklung gewahrt wird, sollte die Analyse und das Design streng voneinander getrennt werden. Dies erhält die Möglichkeit der Aufgabenverteilung in unterschiedlichen Teams oder beim Outsourcing von Teilaufgaben an ein externes Unternehmen.[12] Das OOD-Modell ist im weiteren Verlauf die Grundlage der Implementierung, welche in einer oder mehreren OO-Programmiersprachen erfolgt.[13]

---

[9] Vgl. Balzert, 2001, S.35
[10] Vgl. Friedrich, 2010, S.73
[11] Vgl. Larman, 2005, S.43
[12] Vgl. Balzert, 2001, S.167
[13] Vgl. Friedrich, 2010, S.75

4

3   Merkmale der Objektorientierung

Wie bereits in Kapitel 2.1 angesprochen sind die wesentlichen Merkmale der OOP die Vererbung, Polymorphie und Kapselung. Zunächst soll auf die Haupteigenschaft, der Sichtweise von Objekten und Klassen eingegangen werden.

3.1   Objekte und Klassen

Objekte besitzen Eigenschaften und Fähigkeiten. Besitzen Objekte mehrere gleiche Eigenschaften und Fähigkeiten, können sie in Klassen zusammengefasst werden. So kann eine Klasse Fahrzeuge die Objekte Auto, Flugzeug und Schiff enthalten. Alle Objekte können sich bewegen und Personen oder Gegenstände transportieren. Klassen können wiederum unterteilt als Unterklasse bezeichnet werden. Eine Unterklasse von Fahrzeuge wäre z.B. Radfahrzeug. In diese Klasse kämen alle Objekte, die Räder als Antrieb benutzen. Eine weitere Unterklasse könnte Luftfahrzeug sein, in der Objekte wie Flugzeuge oder Hubschrauber vorhanden sind. Die zentralen Merkmale der OO sind erst dann nutzbar, wenn zwischen den einzelnen Klassen Beziehungen bestehen. So besteht die wichtigste Beziehung zwischen zwei Klassen, wenn eine Klasse als Unterklasse einer anderen deklariert wird.[14] Ein Beispiel dafür wäre die Klasse Radfahrzeuge, als Unterklasse der Oberklasse Fahrzeuge. Eine graphische Darstellung von Unter- und Oberklassen zeigt Abbildung 2.

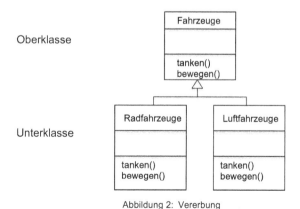

Abbildung 2: Vererbung

---

[14] Vgl. Lahres/Rayman, 2009, S.156

3.2 Vererbung

Vererbung ermöglicht die systematische Weitergabe und Bereitstellung von Funktionen bzw. Methoden. Wenn ein Objekt eine Nachricht erhält und innerhalb seiner Klasse keine entsprechende Methode enthält, wird die Methode in der unmittelbar übergeordneten Klasse gesucht. Dies wird auch Methodenauflösung genannt und erfolgt solange bis die Methode in einer der Oberklassen gefunden wird.[15] Die Vererbung kann unterschieden werden zwischen der einfachen Vererbung und der Mehrfachvererbung. Einfache Vererbung bedeutet, dass nur von einer Oberklasse geerbt werden kann. Im Gegensatz dazu kann bei der Mehrfachvererbung von verschiedenen Oberklassen geerbt werden. Die Art der Vererbung hängt von der Programmiersprache ab. Java ist ein Beispiel für eine Sprache mit einfacher Vererbung und C++ für Mehrfachvererbung. Die Vererbung kann in objektorientierten Systemen in zwei unterschiedlichen Formen eine Rolle spielen. Der Vererbung der Spezifikation und der Vererbung der Implementierung.[16]

3.2.1 Vererbung der Spezifikation

Die Vererbung der Spezifikation bedeutet, dass die Unterklasse alle spezifischen Verpflichtungen der Oberklasse erbt.[17] Als Beispiel dafür kann bei elektrischen Geräten der 220V Anschlussstecker für Deutschland gesehen werden. Die Oberklasse „Radio" gibt vor, dass dieser Stecker verwendet wird. Die Unterklasse „CD-Radio" erbt dann automatisch die Spezifikation, dass ebenfalls dieser Stecker verwendet wird.

3.2.2 Vererbung der Implementierung

Die Vererbung der Implementierung unterliegt hierarchischen Regeln und beschreibt die Gültigkeit dieser Regeln. Die Regeln einer unteren Klasse werden von der Oberklasse überschrieben. Als Beispiel kann hier die gesetzliche Regelung der Bundesrepublik Deutschland genannt werden. Bundesrecht gilt vor Landesrecht. Gesetze des Bundes überschreiben Gesetze des Landes und

---

[15] Vgl. Hansen/Neumann, 2005, S.341
[16] Vgl. Lahres/Rayman, 2010, S.34
[17] Vgl. Kannengiesser, 2007, S.173

diese wiederum überschreiben die Gesetze der Städte. Ziel der Vererbung der Implementierung soll die Vermeidung von Redundanzen sein. [18]

3.3   Polymorphie

Die Vererbung hat gezeigt, dass Unterklassen die gleichen Eigenschaften und Fähigkeiten wie die Oberklassen haben. Auf das bereits genannte Beispiel Fahrzeuge angewendet, bedeutet dies, alles was die Oberklasse Fahrzeuge kann, kann auch die Unterklasse Radfahrzeuge und Luftfahrzeuge. Die Polymorphie erlaubt zusätzlich auf die gleichen Anweisungen bzw. Methoden unterschiedlich zu reagieren. Jede Klasse von Fahrzeugen hat damit ihre eigene Methodenimplementierung.[19] Ein Beispiel dafür ist die Fassung einer Glühbirne. Die Fassung einer Glühbirne ist genormt. Die Art, Form und Gestaltung reicht jedoch von der Energiesparlampe über der 40 Watt Normalbirne bis hin zur 150 Watt Superleuchtbirne. Eine Methode „leuchten" bewirkt also ganz unterschiedliche Effekte. Die eine Lampe spart Strom, die andere leuchtet eher schwach, die andere wiederum sehr hell und verbraucht viel Strom. Die Polymorphie erlaubt es also einzelne Elemente bzw. Code auszutauschen und steigert somit die Änderbarkeit und Wartbarkeit von Software.[20] Sie ist damit eine der Wichtigsten Elemente der OO.[21] Polymorphie kann in zwei Arten unterschieden werden: In statische Polymorphie (Überladung / frühe Bindung) und in dynamische Polymorphie (späte Bindung).

3.3.1 Statische Polymorphie

Die statische Polymorphie gab es bereits in den Prozeduralen Programmiersprachen in der Form von Operatoren wie + oder -.[22] Sie wird deswegen frühe Bindung bzw. Überladen der Methoden genannt, weil bereits bei der Programmierung eines Objektes verschiedene Methoden mit gleichem Namen und unterschiedlichen Parametern definiert werden. Beim Programmablauf wählt der

---

[18] Vgl. Lahres/Raymann, 2010, S.36

[19] Vgl. Forbrig, 2007, S.17

[20] Vgl. Lahres/Raymann, 2010, S.33

[21] Vgl. Oestreich, 1999, S.59

[22] Vgl. Oestreich, 1999, S.59

Compiler entsprechend die zu verwendende Methode aus. Es findet damit eine frühe bzw. statische Bindung statt. [23] Statische Polymorphie kann nur von Programmiersprachen mit statischem Typsystem, wie z.b. C++ oder JAVA, angewendet werden.[24] Ein Beispiel wäre eine Methode „setzeZeit" für ein Objekt Wecker. Während der Programmierung wird die Methode einmal mit den Parametern von acht Zeichen definiert (C++: char[8] für 17:55:35) und ein zweites mal von je drei Integer (C++: int h, int m, int s für 17,55,35). Je nach Eingabe wird entweder die eine oder andere Methode gewählt.[25]

3.3.2 Dynamische Polymorphie

Die dynamische Polymorphie wird deswegen späte Bindung genannt, weil erst zur Laufzeit des Programms entschieden wird, welche Auswirkung die Methode „leuchten" im Beispiel Lampenfassung auf das Objekt der Klasse „Lampen" hat. Es ist vorher davon auszugehen, dass die Lampe leuchten wird aber nicht in welcher Art und Weise und aus welcher Klasse diese Methode stammt. Ob sie hell, dunkel oder sparsam ist entscheidet sich erst beim Aufruf der Methode während des Programmablaufs.[26] Das bedeutet, welche Methode „leuchten" beim Aufruf der Operation aufgerufen wird, hängt davon ab, welche Klassenzugehörigkeit das Objekt hat.[27] In diesem Fall, entweder Energiesparlampe, 40 Watt-Birne oder 150 Watt-Superglühbirne.

3.4   Kapselung

Ziel der Kapselung oder auch Geheimnisprinzip (engl. information hiding) ist, dass Objekte einige ihrer Merkmale veröffentlichen können, während andere verborgen bleiben. Die Anzahl der öffentlichen Methoden eines Objektes, die über Nachrichten oder Aufrufe angestoßen werden, wird als Schnittstelle des Objektes bezeichnet.[28] Möchte ein Benutzer oder ein Programmteil auf die Da-

---

[23] Vgl. Herold/Klar/Klar, 2005, S.350

[24] Vgl. Lahres/Rayman, 2010, S.194

[25] Vgl. Oestreich, 1999, S.59

[26] Vgl. Oestreich, 1999, S.60

[27] Vgl. Lahres/Rayman, 2010, S.193

[28] Vgl. Friedrich, 2010, S.23

ten des Objektes zugreifen, muss es über diese Schnittstelle die Änderung der Daten anfordern. Das hat den Vorteil der Konsistenz der Daten, d.h., dass Dateneinträge beispielsweise nur gemeinsam geändert werden dürfen. Dies gewährleistet die Korrektheit und vereinfacht zusätzlich die Änderbarkeit des Programms.[29] Die allgemeinen Möglichkeiten zur Datenkapselung sind public(+), private(-) und protected(#). Private bedeutet, dass auf die Objekte nur innerhalb der Klasse zugegriffen werden darf. Sie sind also privat. Public ermöglicht wiederum den vollen Zugriff auf die Daten.[30] Sie sind also öffentlich. Protected erlaubt den Zugriff auf die Daten innerhalb der Vererbungsstruktur für Unterklassen.[31] Sie sind damit teilweise geschützt. Ein Beispiel für Kapselung zeigt Abbildung 3. Die Vorzeichen geben die Art der Kapselung an.

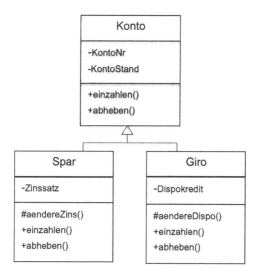

Abbildung 3: Kapselung

Kapselung ist damit eines der wichtigsten Konzepte der OOP. Die Objekte kontrollieren damit selbst den Zugriff auf ihre Daten.[32]

---

[29] Vgl. Lahres/Rayman, 2010, S.32
[30] Vgl. Gumm/Sommer, 2006, S.218
[31] Vgl. Kannengiesser, 2007, S.258
[32] Vgl. Bayer, 2010, S.250

4 Die Unified Modeling Language (UML)

Die OO ist bei der Programmierung von operativen SW-Systemen und Web-Applikationen die Methode zur Realisierung. Um diesen Ansatz im gesamten Entwicklungsprozess methodisch umfassend, durchgängig und konsistent zu unterstützen, besonders in der Analyse- und Entwurfsphase, wird die Unified Modeling Language (UML) genutzt. Diese stellt eine standardisierte Analyse- und Entwurfsnotation bereit.[33] Nach Aussage der Entwickler von UML (Booch, Jacobson und Rumbaugh), ist es eine Sprache zur Spezifikation, Visualisierung, Konstruktion und Dokumentation von Software.[34]

4.1 Entwicklung von UML

1995 begannen Booch, Jacobson und Rumbaugh ihre Designmethoden zur OO in einer gemeinsamen Notation zur Unified Method (UM) zusammenzuführen. Die zunehmende Popularität von UM führte dazu, dass diese Zusammenführung zur UML als Quasi-Standard betrachtet wurde. 1997 wurde darauf hin UML Version 1.1 bei der Object Management Group (OMG) als Standard akzeptiert, welche auch die Weiterentwicklung von UML ab Version 1.3 übernahm.[35] Die aktuelle Version von UML ist 2.4.1 und wurde im August 2011 veröffentlicht. Sie enthält verschiedene Weiterentwicklungen und die Beseitigung von Formulierungsfehlern zu den vorhergehenden Versionen.[36]

Die Anwendung von UML ist nicht nur auf die Entwicklung von Software beschränkt. Sie kann ebenfalls für die Modellierung softwarefremder Systeme genutzt werden, z.B. für ein patientenorientiertes Gesundheitssystem, Aufbau von Hardware oder der Arbeitsablauf in einem Rechtssystem.[37]

---

[33] Vgl. Friedrich, 2010, S.25
[34] Vgl. Forbrig, 2007, S.42
[35] Vgl. Oestreich, 1999, S.20
[36] Vgl. OMG,19.09.2012
[37] Vgl. Booch, Rumbaugh, Jacobson, 2006, S.41

4.2   UML-Diagramme

Die Anwendung von UML besteht aus drei Bausteinen: Objekte, Beziehungen und Diagrammen. Objekte sind die Wichtigsten Elemente eines Modells. Diese stehen in Beziehungen zueinander und bilden in ihrer Gesamtheit Diagramme.[38] Während eines SW-Entwicklungsprozesses werden aus ihnen die OO-Modelle erstellt. Durch UML-Diagramme kann eine Betrachtung von Systemen aus unterschiedlichsten Blickwinkeln erfolgen. Diese Blickwinkel werden Views genannt und ermöglichen Entwürfe, die allgemein verständlich sind. UML-Diagramme können in zwei Hauptgruppen unterteilt werden. Verhaltensdiagramme zur Beschreibung der dynamischen Beziehungen und der Interaktionen sowie in Strukturdiagramme zur Beschreibung der Konstruktion und des statischen Aufbaus.[39]

4.2.1   Verhaltensdiagramme

UML bietet eine Vielfalt an Möglichkeiten, um die Verhaltensweisen von Software-Systemen darzustellen. Je nach Anwendungsfall werden entsprechende Diagrammtypen verwendet.[40] Verhaltensdiagramme dienen damit zur Visualisierung, Spezifizierung, Konstruktion und Dokumentation der dynamischen Aspekte eines Systems.[41]

Die Verhaltensmodellierung wurde in der UML 2.0 mit Konzepten hinterlegt, welche eine Quasi-Sicht auf dahinter liegende Modelle bietet. Das bietet die Möglichkeit verschiedene Diagrammtypen auch hierarchisch zu kombinieren. Komplexe Abläufe können so Top-Down oder Bottom-Up erstellt werden.[42]

Folgende Diagrammtypen zählen zu den Verhaltensdiagrammen:

- **Aktivitätsdiagramm**
  - zeigt den schrittweisen Verlauf einer Berechnung,

---

[38] Vgl. Booch, Rumbaugh, Jacobson, 2006, S.42
[39] Vgl. Friedrich, 2010, S.26
[40] Vgl. o.V Software-Kompetenz, 22.09.2012
[41] Vgl. Booch, Rumbaugh, Jacobson, 2006, S.127
[42] Vgl. o.V Software-Kompetenz, 22.09.2012

- **Interaktionsdiagramm**

Untergliedert sich in:

- o **Sequenzdiagramm**
  - beschreibt Interaktionen und Nachrichtenaustausch im zeitlichen Ablauf zwischen Objekten,
- o **Kommunikationsdiagramm** (vorher Kollaborationsdiargamm)
  - beschreibt Interaktionen zwischen Objekten mit gemeinsamen Aufgaben,
- o **Timingdiagramm**
  - beschreibt den Zustandswechsel von Kommunikationspartnern durch Nachrichten,
- o **Interaktionsübersichtsdiagramm**
  - bietet eine gemeinsame Übersicht von Sequenz-, Kommunikations- und Timingdiagrammen,

- **Use-Case-Diagramm** (Anwendungsfalldiagramm)
  - beschreibt Beziehungen zwischen Akteuren, Anwendungsfällen und dem System,
- **Zustandsdiagramm** (Zustandsautomat)
  - beschreibt Übergänge zwischen Zuständen und wird für die Beschreibung von Lebenszyklen von Objekten eingesetzt.

4.2.2 Strukturdiagramme

Über die Strukturdiagramme der UML kann der statische Aufbau einer Software dargestellt werden. Elemente sind Klassen, Komponenten aber auch Artefakte oder Rechnerknoten. Zusätzlich können beispielhaft Ausprägungen einzelner Strukturen dargestellt werden. Über Objektdiagramme können beispielsweise Ausprägungen der in Klassendiagrammen formulierten Strukturen gezeigt werden.[43]

Folgende Diagrammtypen zählen zu den Strukturdiagrammen:

---

[43] Vgl. o.V Software-Kompetenz, 22.09.2012

- **Klassendiagramm**
  - zur Darstellung von Klassen, Attributen, Operationen und Beziehungen,
- **Komponentendiagramm**
  - stellt die zu implementierenden internen Teile, Verbinder und Ports dar,
- **Kompositionsstrukturdiagramm** (Montagediagramm)
  - zeigt die interne Struktur einer Klasse,
- **Verteilungsdiagramm**
  - zeigt Knoten und deren Beziehungen und damit die Verteilungssicht einer Architektur,
- **Objektdiagramm**
  - stellt die Datenstruktur von Objekten und deren Beziehungen dar,
- **Artefaktdiagramm**
  - zeigt Artefakte und deren Beziehungen zueinander sowie zu andern Klassen, die sie implementieren.

5 Kritische Betrachtung und Defizite der Objektorientierung

Die OO bietet durch ihre Merkmale nicht nur Vorteile sondern auch einige Defizite. So kann eine tiefe Vererbungsstruktur bei Änderungen sehr folgenreich sein. Durch die starken Beziehungen von Oberklassen und allen Unterklassen entsteht schnell eine Art Lawine in alle Programmteile. Dies geschieht, wenn die Funktionalität der Oberklasse nicht genau analysiert wird. Ein Beispiel ist die Oberklasse Säugetier mit der Methode „laufen". Alle Unterklassen übernehmen diese auch wenn eine Unterklasse Wal erzeugt wird.[44] Eine Änderung und damit genaue Betrachtung aller Klassen ob die Änderung noch zutrifft ist die Folge. Diese Designfehler können durch eine Art Prototyp der Software (ähnlich wie in der Automobilindustrie) frühzeitig erkannt und behoben werden.

Des Weiteren bestehen in objektorientierten Systemen hohe Performance-Risiken. Tief im Vererbungsgitter vernetzte Klassen oder der dynamische Aufbau und das Löschen von Objekten können Ursachen dafür sein.[45] Folglich sind angemessene und effiziente Maßnahmen zur Qualitätsprüfung, OO-qualifiziertes Personal und gute OO-Werkzeuge Möglichkeiten zur Minderung der Risiken.

Die UML enthält zahlreiche Diagrammtypen, welche die Anschaulichkeit erhöhen, jedoch bestehen zahlreiche Überschneidungen der Einsatzbereiche (z.B. Sequenz-Diagramm, Use-Case-Diagramm und Zustandsdiagramm). Auch sind nicht alle angebotenen Sprachmittel immer für eine detaillierte Formalisierung geeignet, was nur mit viel Erfahrung kompensiert werden kann.[46] Oft liegen auch gewisse Beschreibungen im Auge des Betrachters und lassen erheblichen Spielraum für Interpretationen.

---

[44] Vgl. Steppan, 28.09.2012
[45] Vgl. o.V Universität Bremen, 28.09.2012
[46] Vgl. Frank / Prasse, 28.09.2012

6 Zusammenfassung und Ausblick

Ziel diese Assignments war es, einen Überblick über die OO und OOM zu geben. Dabei wurden die Entwicklung, Zusammenhänge und die Anwendung der OO vorgestellt. OO ist ein sehr umfangreicher Bereich, bietet jedoch viele Vorteile für die Softwareentwicklung und ihren Entwicklungsphasen. Aufbauend auf die Bedeutung, der Prinzipien und die Umsetzung der OO ist sie aktuell nicht aus der Softwareentwicklung wegzudenken. Allerdings sind Verbesserungen erforderlich. Es ist jedoch möglich den Softwareentwurf und die Programmierung so zu gestalten, dass die Defizite der OO vermieden und der Großteil der Vorteile beibehalten wird. Aber das Gesamtsystem OO entwickelt sich stetig weiter. Nicht nur der Ansatz der OO sondern auch die Prinzipien der OOP, OOP-Sprachen und UML zur Darstellung sind häufigen Versionsverbesserungen, Weiter- und Neuentwicklungen unterlegen.

Literaturverzeichnis

Balzert, H. (2001). *Objektorientierung in 7 Tagen.* Heidelberg-Berlin: Spektrum Akademischer Verlag.

Bayer, J. (2010). *Visual C# 2008: Windows-Programmierung mit dem .Net Framework 3.5.* Markt+Technik Verlag.

Booch, G. / Rumbaugh, J. / Jacobson, I. (2006). *Das UML Benutzerhandbuch.* Addison-Weslay Verlag.

Forbrig, P. (2001). *Objektorientierte Softwarentwicklung mit UML.* München-Wien: Carl-Hanser Verlag.

Forbrig, P. (2007). *Objektorientierte Softwareentwicklung mit UML.* München: Carl Hanser Verlag.

Friedrich, D. (2010). *Objektorientierte Softwareentwicklung - Softwareentwicklung SWE204.* AKAD-Studienmaterial.

Gumm, H.-P. / Sommer, M. (2006). *Einführung in die Informatik.* Oldenburg Wissenschaftsverlag.

Hansen, H.-R. / Neumann, G. (2005). *Wirtschaftsinformatik 2 - Informationstechnik.* Stuttgart: Lucius & Lucius.

Herold, H. / Klar, M. / Klar, S. (2005). *C++, UML und Design Patterns.* Addison-Wesley Verlag.

Kannengiesser, M. (2007). *Objektorientierte Programmierung mit PHP5.* Franzis Verlag.

Lahres B. / Rayman G. (2009). *Objektorientiere Programmierung.* Bonn: Galileo Computing.

Larman, C. (2005). *UML2 und Patterns angewendet – Objektorientierte Softwareentwicklung.* mitp – Verlag.

Oestreich, B. (1999). *Objektorientierte Softwareentwicklung – Analyse und Design mit der Unified Modeling Language.* München-Wien: Oldenburg Verlag.

Webseitenverzeichnis

Frank, U. / Prasse, M. (28.09.2012), Zur Standardisierung objektorientierter Modelliersprachen – Universität Koblenz-Landau, unter URL:

http://um-x4240.wi-inf.uni-essen.de/MobisPortal/pages/rundbrief/pdf/FrPr97.pdf

letzter Abruf: 28.09.2012.

Frauenhofer IESE (22.09.2012), unter URL:

http://www.software-kompetenz.de/servlet/is/23558/?print=true

letzter Abruf: 22.09.2012.

Hanrath, W. (11.09.2012), Rechen- und Kommunikationszentrum der RWTH-Aachen, unter URL:

http://www.rz.rwth-aachen.de/global/show_document.asp?id=aaaaaaaaaaaviek

letzter Abruf: 11.09.2012.

OMG (19.09.2012), unter URL:

http://www.omg.org/spec/UML/2.4.1/

Letzter Abruf: 19.09.2012.

Steppan, B. (28.09.2012), Objektorientierte Programmierung - Galileo Computing., unter URL:

http://www.galileocomputing.de/artikel/gp/artikelID-215

letzter Abruf: 28.09.2012.

o.V (11.09.2012), Hochschule-Darmstadt, Objektorientierte Analyse und Design Sommersemester 2008, (11.09.2012), unter URL:

http://www.winf.ruhr-uni-bochum.de/download/oo-Grundlagen.pdf

letzter Abruf: 11.09.2012.

o.V. (11.09.2012), Philipps-Universität-Marburg, Einführung Informatik Wintersemester 2007 (11.09.2012), unter URL:

http://dbs.mathematik.unimarburg.de/teaching/vl/EinfInf/ws2007/Folien/FolienTag10.pdf

letzter Abruf: 11.09.2012.

o.V (28.09.2012), Universität Bremen – Objektorientierte Entwicklung SZ.5, unter URL:

http://www.informatik.uni-bremen.de/gdpa/part3_d/p3sz4.htm,

letzter Abruf: 28.09.2012.

www.ingramcontent.com/pod-product-compliance
Lightning Source LLC
Chambersburg PA
CBHW031234050326
40689CB00009B/1608